まちごとインド

South India 021 Kerala

はじめてのケーララ
コーチ・ティルヴァナンタプラム・バックウォーター

കേരളം.

Asia City Guide Production

【白地図】南インド

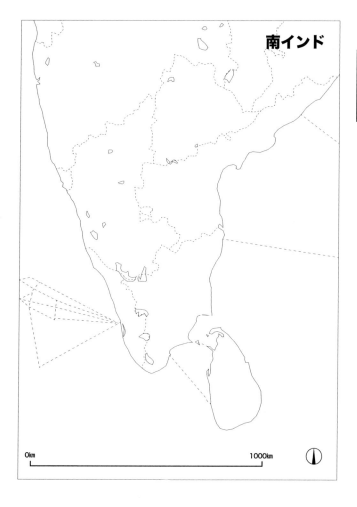

【白地図】ケーララ州

INDIA
南インド

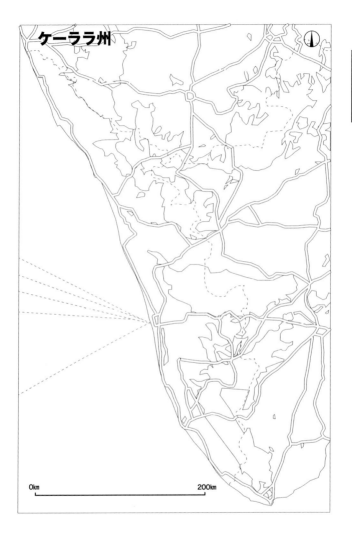

【白地図】コーチ

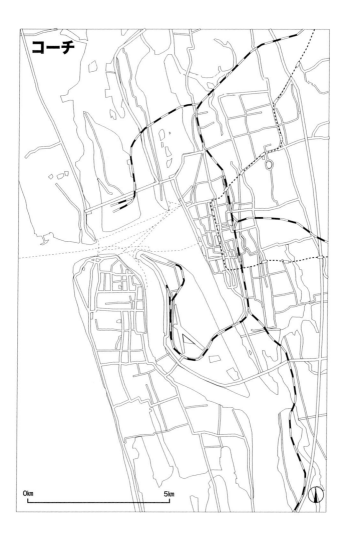

【白地図】フォートコーチン

INDIA
南インド

【白地図】バックウォーター

INDIA
南インド

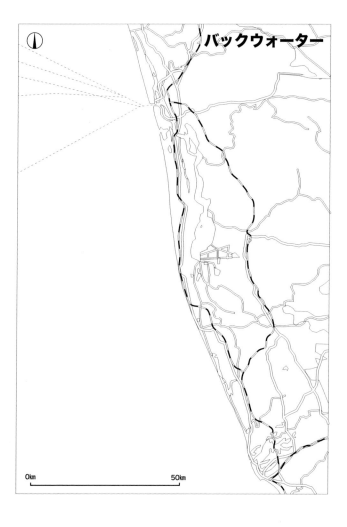

【白地図】コッラム

INDIA
南インド

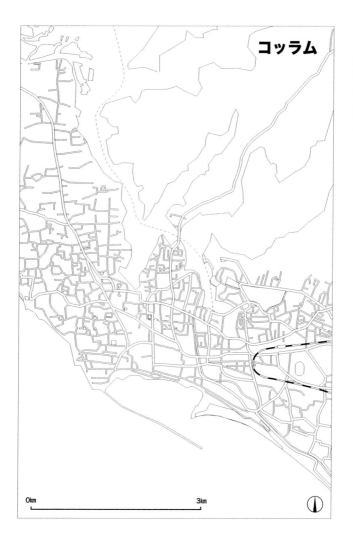

コッラム

Kerala 白地図

【白地図】ティルヴァナンタプラム

INDIA
南インド

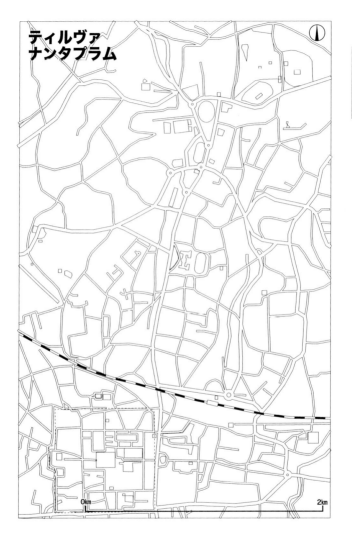

ティルヴァ
ナンタプラム

Kerala 白地図

INDIA
南インド

【まちごとインド】
南インド 021 はじめてのケーララ
南インド 022 ティルヴァナンタプラム
南インド 023 バックウォーター
　　　　　　（コッラム〜アラップーザ）
南インド 024 コーチ（コーチン）
南インド 025 トリシュール

　どこまでも美しい海岸とヤシの木が続き、「ココヤシ（ケーラ）の国」にたとえられるケーララ州。西ガーツ山脈とアラビア海にはさまれたこの地では、インド中央部の影響がおよびづらく、「陸の孤島」のような性格をもってきた。

　一方で、海に開けた土地柄であることから、紀元前後から環アラビア海世界とのつながりが続いてきた。古代ローマの人々が求めたケーララの胡椒は、黄金の対価となり、大航海時代の1498年、ヴァスコ・ダ・ガマがケーララに到達してい

はじめてのケーララ
Kerala
കേരള.

る(布教と胡椒を求めたインド航路の「発見」)。

　このような特徴をもつケーララは、面積では全インドの1%ほどに過ぎないが、人口密度が高く、中東諸国に出稼ぎに行く人も多い。また20世紀までこの地方で続いた母系制度や先進的な教育制度を背景に、女性の社会進出、識字率などで突出した高い数字を見せている。

【まちごとインド】
南インド 021 はじめてのケーララ

INDIA
南インド

目次

はじめてのケーララ …………………………………………… xvi

地上の楽園ケーララ …………………………………………… xxiv

コーチ城市案内 ………………………………………………… xxxii

バックウォーター城市案内 …………………………………… xlvi

ティルヴァナンタプラム城市案内 …………………………… lvi

アラビア海と西ガーツ ………………………………………… lxix

【MEMO】

【地図】南インド

【地図】ケーララ州

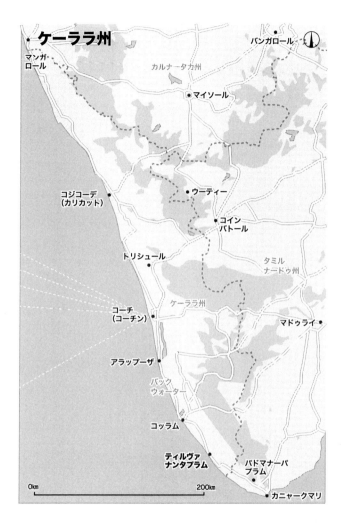

地上の楽園ケーララ

INDIA 南インド

コモリン岬まで640kmに渡って続くマラバール海岸
この海岸は世界でもっとも美しいとも言われ
水と緑が織りなす「地上の楽園」にたとえられる

ケーララの地形

西ガーツ山脈とアラビア海に面するマラバール海岸にはさまれた80～150kmほどの幅で南北に伸びるケーララ州。このケーララ州は大きく北のマラバール地方（中心はカリカット）、中央のコーチン地方（中心はコーチ）、南のトラヴァンコール地方（中心はティルヴァナンタプラム）にわけられる。ケーララ平地部には水田が広がる一方、山の傾斜地では胡椒が栽培され、海岸部から西ガーツ山脈（標高1000～2000m程度）まで急な傾斜となっている。マラバールとは「山の国」、ガーツとは「階段」を意味し、海岸部から見たケーララが階

段のように奥に続くことに由来する。

ケーララ・モデル

経済力に頼らず、高い社会指標を実現しているケーララ社会のありかたはケーララ・モデルと注目されている。ケーララ州では識字率ほぼ100％の教育水準、女性の社会進出、平均寿命の長さ、乳幼児死亡率の低さなどでインド最高の数値を出している（また1957年に普通選挙で共産党が政権をとるなど、他のインドとくらべて際立った特徴をもつ）。こうしたケーララの特徴は、ヒンドゥー文化成立以前からの母系社

INDIA
南インド

▲左　アラビア海へ続く美しいマラバール海岸。　▲右 ケーララの気候にあわせた三角形の切妻屋根

会（女性の経済力、社会的地位が相対的に高い）、また伝統的にバラモンが強い権力をもってきたことへの反動が要因となったと指摘される。

海のシルクロード

マラバール海岸には良港が多く、紀元前後から「ヒッパロスの風（季節風）」を使ったアラビア海交易が行なわれてきた（当初、船は沿岸沿いを進んだが、やがて北極星と水平線の位置を測りながら、海を横断した）。ローマやアラブの人々はケーララでしかとれないとされた胡椒を求め、時代がくだると中

【MEMO】

INDIA
南インド

国からの船が訪れるなど、ケーララはヨーロッパとアラブ、東南アジア、中国を結ぶ海のシルクロードの一大中継地点となった。1498年、ケーララに到着したヴァスコ・ダ・ガマは、「そよ風に揺らぐヤシの木は、まるで人々が手を振り歓迎しているかのようだった」と記している。

ケーララの伝統文化

地形上の制約からインド中央部との交流が限られていたケーララでは、古くに伝わり他のインド地域では失われてしまった文化や伝統が色濃く残っている（またサンスクリット文化

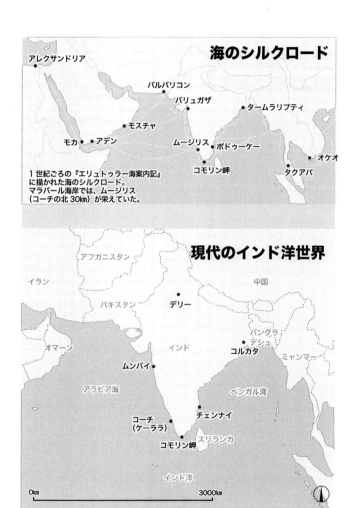

INDIA
南インド

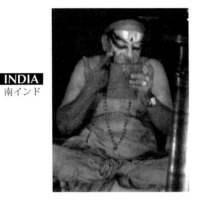

▲左　カタカリ・ダンスの準備をする役者。　▲右　共産党が強いのもケーララの特徴

とこの地方土着の文化が融合している)。派手な化粧と衣装で知られる民俗舞踊カタカリ・ダンス、1000年のあいだケララ・バラモンに受け継がれ、世界無形文化遺産に指定されているサンスクリット劇クーリヤッタム、神への儀礼と舞踊テイヤム、武と舞を兼ね備えた古武術カラリパヤット、影絵芝居。他のインドでは見られないほど伝統芸能が豊富に残り、これらは父から子へと伝承され、連綿と受け継がれてきた。

Guide, Kochi

コーチ
城市案内

INDIA 南インド

コーチはアラビア海に面したケーララ最大の都市
中世以来、海のシルクロードの要衝として知られ
現在は南インド有数の貿易港となっている

コーチ Kochi [★★★]

河川がアラビア海にそそぐ複雑な地形をつくるデルタ地帯に位置するコーチ（コーチン）。中世以来、マラバール海岸を代表する港がおかれ、アラブ、ペルシャ、中国、ヨーロッパの商人が行き交う「海のシルクロード」の要衝となってきた（半島先端部では、中国から伝えられた四つ手網チャイニーズ・フィッシング・ネットが見られる）。街はキリスト教会、モスク、ユダヤ教のシナゴーグなどを残すコーチ（フォート・コーチン）と、商業都市としてめざましい発展をとげるエルナクラムからなる双子都市となっている。

kerala｜コーチ城市案内

街を結ぶジェッティー

コーチはアラビア海から内陸へ続く水路バックウォーターがつくる複雑な地形に展開する。歴史的遺構が点在する旧市街のフォート・コーチン、その南東のマッタンチェリ、ウィリンドン島などの島嶼部、内陸部の新市街エルナクラムはジェッティーと呼ばれる船で結ばれている。またバックウォーターや河川を通じて、コーチとケーララ各地が結ばれるなど、ケーララ州では水上交通が発達してきた。

▲左　中国から伝わったチャイニーズ・フィッシング・ネット。　▲右　ヴァスコ・ダ・ガマ教会とも呼ばれる聖フランシス教会

チャイニーズ・フィッシング・ネット
Chinese Fishing Net ［★★☆］

海岸に面したフォート・コーチンの先端部にならぶ巨大な四つ手網チャイニーズ・フィッシング・ネット。14世紀にコーチに来航した中国、鄭和の艦隊によって伝えられたとされ、今なおこの網を使った漁業が行なわれている。網を水中に沈め、しばらくしてから漁師がひきあげると魚がとれる仕組みになっている。

【MEMO】

【地図】コーチ

【地図】コーチの [★★★]
- [ ] コーチ Kochi

【地図】コーチの [★★☆]
- [ ] チャイニーズ・フィッシング・ネット Chinese Fishing Net
- [ ] マッタンチェリ宮殿（ダッチパレス） Mattancherry Palace

【地図】コーチの [★☆☆]
- [ ] エルナクラム Ernakulam

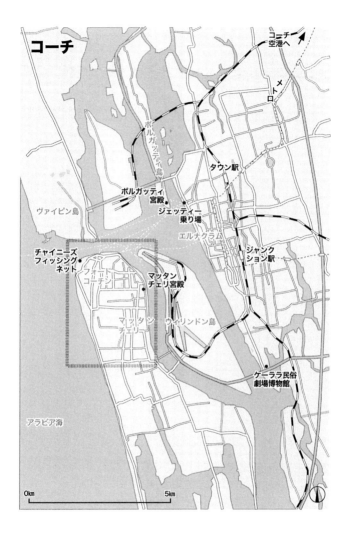

INDIA
南インド

聖フランシス教会 St. Francis Church ［★★☆］

聖フランシス教会はインドでもっとも伝統あるローマ・カトリック教会で、1500年ごろに建てられた。1498年のインド航路「発見」以後、この地に進出したポルトガルの布教拠点となった教会で、1524年、コーチでなくなったヴァスコ・ダ・ガマの墓石が残っている（そのためヴァスコ・ダ・ガマ教会とも呼ばれる）。

▲左 ダッチパレスの名前で親しまれるマッタンチェリ宮殿。　▲右　奥に見えるのがシナゴーグ、あたりにユダヤ人が暮らしていた

フォート・コーチンとマッタンチェリ

1503年以降、ポルトガルの構えた要塞跡がフォート・コーチンで、この地域にはヨーロッパ人が邸宅を構えた（赤い屋根のコロニアル建築が残る）。一方、カルヴェッティ運河の南東側に広がるマッタンチェリは、この地方の領主コーチン王の宮殿がおかれ、インド人、ユダヤ人、イスラム教徒などが暮らしていた。両者はヨーロッパ人のコーチ、インド人のコーチというように異なる性格をもっていた。

【地図】フォートコーチン

【地図】フォートコーチンの [★★☆]
- [ ] チャイニーズ・フィッシング・ネット
  Chinese Fishing Net
- [ ] 聖フランシス教会 St. Francis Church
- [ ] マッタンチェリ宮殿（ダッチパレス）
  Mattancherry Palace
- [ ] シナゴーグ Synagogue

【地図】フォートコーチンの [★☆☆]
- [ ] ジュー・タウン Jew Town

マッタンチェリ宮殿(ダッチパレス)
Mattancherry Palace [★★☆]

マッタンチェリ宮殿は、1557年にコーチン王の宮殿として建てられた。その後の1663年、ポルトガルに代わってオランダがコーチの勢力をにぎり、この宮殿にオランダの拠点がおかれたところからダッチパレスと呼ばれる(オランダ東インド会社はケーララの胡椒を独占的に買いつけた)。現在は博物館となっていて、ケーララの絵画や調度品などが展示されている。

▲左　ケーララの伝統芸能カタカリ・ダンス。　▲右　フォート・コーチンとエルナクラムを結ぶジェッティー

シナゴーグ Synagogue ［★★☆］

16世紀に建てられたユダヤ教徒の礼拝所シナゴーグ。中国陶磁器で敷き詰められた床、11世紀にケーララ王からあたえられた銅板(土地や税などユダヤ人の権利が記されている)などが残っている。

ジュー・タウン Jew Town ［★☆☆］

胡椒交易をとり仕切ったユダヤ人が暮らしたジュー・タウン。20世紀のイスラエル建国で、コーチのユダヤ人はこの地を離れ、現在は胡椒や香料をあつかう店のほか、土産物店がならぶ。

INDIA
南インド

ケーララの伝統芸能カタカリ

カタカリ・ダンスは16世紀ごろ成立したケーララの伝統舞踊。音楽にあわせて、派手な化粧と衣装で役者が立ちまわり、顔の表情や手足の動きで感情を表現する。ケーララ・カタカリ・センターではこの伝統芸能に関する展示が見られる。

エルナクラム Ernakulam ［★☆☆］

コーチ内陸部のエルナクラムは、20世紀以後、発展をとげた新市街。企業や官公庁がおかれ、インド各地と鉄道で結ばれた商業都市となっている。

Guide, Back Water
バックウォーター
城市案内

<small>INDIA 南インド</small>

ケーララ沿岸部を縦横に走るバックウォーター
アラビア海に続くこの水路では
人や物資が運ばれる河川交通の舞台となってきた

バックウォーター Back Water [★★★]

アラビア海から内陸へ伸びる水郷地帯バックウォーター。潮が満ちるとき「水が戻ってくる(バックする)」様子からバックウォーターの名前がつけられ、コーチからアラップーザ、コッラムとケーララ沿岸部の主要な街を結ぶ水路となっている。茂るヤシの木がどこまでも続き、バックウォーターで漁をする人、水上バスで移動する人などの暮らしぶりを見ることができる。

【MEMO】

Kerala バックウォーター城市案内

【地図】バックウォーター

【地図】バックウォーターの［★★★］
- [ ] バックウォーター Back Water
- [ ] コーチ Kochi

【地図】バックウォーターの［★★☆］
- [ ] アラップーザ（アレッピー）Alappuzha
- [ ] コッラム（クイロン）Kollam

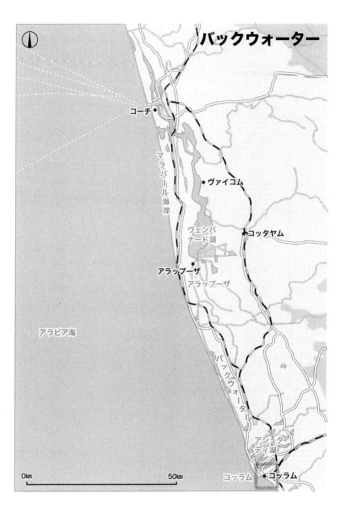

▲左 ヤシの木が茂るなか進む。　▲右 バックウォーターの起点となるコッラム

アラップーザ（アレッピー）Alappuzha［★★☆］

アラップーザは18世紀に胡椒の積出港として発展をはじめ、市街を運河が縦横に走ることから「東洋のヴェニス」にたとえられる。西にアラビア海、東にバックウォーターへ続く交通の要衝として知られ、ヴェンバナード湖で行なわれるボートレースは夏の風物詩となっている。

【MEMO】

【地図】コッラム

【地図】コッラムの [★★☆]
□ コッラム（クイロン）Kollam

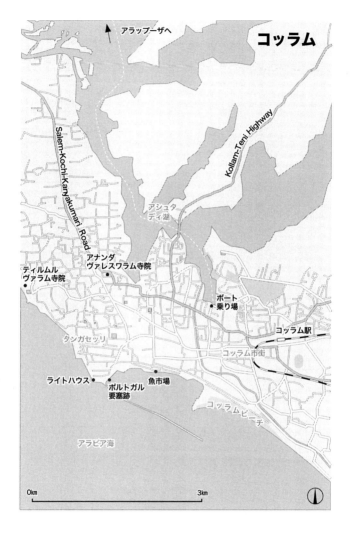

INDIA
南インド

コッラム(クイロン)Kollam [★★☆]

アシュタムディ湖畔に開けたコッラムはケーララを代表する港町。とくに 12 〜 14 世紀、中国のジャンク船とアラブ、ペルシャのダウ船が集まる海のシルクロードの一大拠点だった。マルコ・ポーロや中国、鄭和の艦隊もこの街を訪れるなど、胡椒、肉桂などの取引で栄えていたが、14 世紀以降、カリカットやコーチにその座をゆずることになった。

Guide, Thiruvananthapuram
ティルヴァナンタプラム
城市案内
INDIA
南インド

「聖なる蛇の都」を意味するティルヴァナンタプラム
18世紀からトラヴァンコール王国の都として歩み
20世紀のインド独立以後は、ケーララ州の州都となっている

ティルヴァナンタプラム Thiruvananthapuram ［★★★］

インド南端近くに位置するケーララの州都ティルヴァナンタプラム。この街には18世紀以来、トラヴァンコール王国の都がおかれ、マハラジャや王族が起居した木造宮殿が残っている。街はトラヴァンコール王国時代以来の旧市街と、その北側の新市街からなり、開明的な王のもとインド独立以前から司法や教育制度、工業化などで先進的なとり組みが行なわれた。街は教育機関や文化施設が集まる文教都市の顔をのぞかせる一方、こぢんまりとした静かな南国の雰囲気につつまれている。

パドマーナバ・スワーミ寺院
Padmanbha Swamy Temple ［★★☆］

トラヴァンコール王家を守護したパドマナーバ神（ヴィシュヌ神）がまつられたパドマナーバ・スワーミ寺院。この寺院の歴史は9世紀以前にさかのぼるが、トラヴァンコール王国が南ケーララを領土とした18世紀以後に現在の姿となった（1750年、王国の領土はこの寺院に捧げられ、その威光をもって統治されることになった）。寺院の正門にはドラヴィダ様式の門塔ゴープラが立つ。

INDIA
南インド

▲左　木で組まれた屋根、プーテン・マリガ宮殿博物館にて。　▲右　街の中心に立つパドマーナバ・スワーミ寺院

プーテン・マリガ宮殿博物館
Puthen Maliga Palace Museum [★★★]

トラヴァンコール王国時代の宮殿跡が転用されたプーテン・マリガ宮殿博物館。西ガーツ山脈産のチーク材が使われ、雨を落とすための勾配屋根、柱や窓枠に美しい彫刻をもつ木造建築となっている。18世紀に建てられて以来、この宮殿は詩人や学者、芸術家が集うサロンとなっていた。

【MEMO】

【地図】ティルヴァナンタプラム

【地図】ティルヴァナンタプラムの [★★★]
- [ ] ティルヴァナンタプラム Thiruvananthapuram
- [ ] プーテン・マリガ宮殿博物館 Puthen Maliga Palace Museum

【地図】ティルヴァナンタプラムの [★★☆]
- [ ] パドマーナバ・スワーミ寺院 Padmanbha Swamy Temple
- [ ] ネイピア博物館 Napier Museum

【地図】ティルヴァナンタプラムの [★☆☆]
- [ ] パラヤム・ジャンクション Palayam Junction

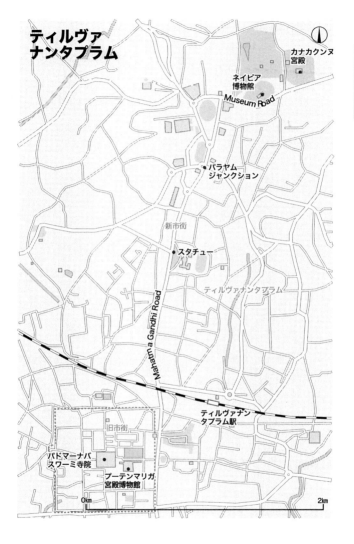

INDIA
南インド

ケーララの母系制

トラヴァンコール王国では伝統的に父から子ではなく、王位は母の兄弟の子が継いだ。これはケーララ地方特有の母系制に由来するもので、母方の大家族のなかで外から来た男性(王)が1代のあいだ政治を行なうが、王位や財産は母系家族のなかで相続された。こうした特異な家族構成は20世紀まで見られ、ケーララの女性の地位の高さにも関係しているという。

▲左 パラヤム・ジャンクションに立つジャマー・マスジッド。 ▲右 インド・サラセン様式の傑作、ネイピア博物館

パラヤム・ジャンクション Palayam Junction [★☆☆]

パラヤム・ジャンクションはティルヴァナンタプラム新市街の中心地。周囲にはイスラム教のジャマー・マスジッド、キリスト教の聖ジョセフ教会、また19世紀以来の伝統をもつカマネラ・マーケットが集まっている。

ネイピア博物館 Napier Museum [★★☆]

19世紀末に開館し、彫刻や工芸品などの展示が見られるネイピア博物館。赤と白の壁面、ケーララ式の勾配屋根をもち、インドとヨーロッパの建築様式が融合している。また周囲に

はインドを代表する画家ラヴィ・ヴァルマの作品を収蔵するシュリーチトラ美術館、インドでもっとも早く開館した動物園も位置する。

コヴァーラム・ビーチ Kovalam Beach ［★★☆］
ティルヴァナンタプラムの南15km、アラビア海に面したコヴァーラム・ビーチ。インドでもっとも美しい海岸と言われ、静かな時間が流れている。

▲左　美しい浜辺が続くコヴァーラム・ビーチ。　▲右　州境をまたいだタミルナードゥ州にあるパドマナーバプラム

パドマナーバプラム Padmanabhapuram [★★☆]

パドマナーバプラムにはティルヴァナンタプラムに遷都される以前のトラヴァンコール王国の都がおかれていた。西ガーツ山脈の裾野に立つこの宮殿は、窓枠や柱などで繊細な彫刻がほどこされ、18世紀当時の様子をほぼ完全なかたちで伝える。建築はケーララ様式だが、この地はタミル語地域であることから、タミルナードゥ州に編入されている（トラヴァンコール王国は、ケーララの辺境世界から攻めあがった）。

INDIA
南インド

木造建築が織りなす世界

インド南西端のケーララ州には、南西モンスーンが最初に訪れ、それは西ガーツ山脈にあたって大量の雨を降らせる。そのためケーララ地方の建物は、他のインドと違って石づくりではなく、木造の柱と梁で構成されている。三角形の切妻屋根は雨を素早く落とし、外部に開放的な木造の構造は湿気に強いなど、この地方の環境に適した設計となっている。

【MEMO】

アラビア海と西ガーツ

ケーララ地方にだけ伝えられる民俗や文化
さまざまな神話や伝承に彩られた
神々の国ケーララ

ケーララ創世神話

クシャトリヤを滅ぼしてバラモンによる支配体制を確立したというヴィシュヌ神の化身パラシュラーマ。その後、西ガーツ山脈に隠遁していたパラシュラーマの前に「海の男神」と「大地の女神」が現れ、剣ひとふり分の土地をあたえると約束した。そのときケーララ地方は海底に沈んでいたが、パラシュラーマがもっている斧を投げたことで、北はゴカルマンから南はコモリン岬までが海から隆起した。こうしてケーララが生まれたという。

INDIA
南インド

ケーララのかんたんな歴史

古くケーララの地にはチェーラ朝（紀元前3〜12世紀）があり、8世紀ごろまでに北インドから移住してきたバラモンによってヒンドゥー文化が伝えられた。一方で、アラビア海交易を通じて、紀元前後からヨーロッパやアラブとの交流が続き、ケーララ沿岸部にイスラム教徒やキリスト教徒が暮らすようになっていた。12世紀、ケーララの統一王権が滅ぶと、カリカットやコーチなど各地方の領主がならび立ち、海洋貿易はより盛んになった。こうしたなか大航海時代を迎えたポルトガル（16〜17世紀）を皮切りに、オランダ（17〜

▲左　円形祠堂が見えるケーララのヒンドゥー寺院。　▲右　海の向こうからさまざまな人が訪れた

18世紀)、イギリス (18〜20世紀) といった西欧諸国の進出が続き、18世紀末にはケーララはイギリスの勢力下に入った。旧トラヴァンコール藩王国、旧コーチン藩王国、旧マドラス管区マラバールの3つの地域は、インド独立後の1956年にケーララ州へと統合された。

アーユルヴェーダの本場

アーユルヴェーダは5000年の歴史をもつインドの伝統医学で、生命を身体だけでなく精神、我などから複合的にとらえ、そのバランスを整える自然治癒力を重視する。薬草を使った

INDIA
南インド

オイル・マッサージと温熱療法による治療が行なわれ、インドの古代医学書には1000種類を超す薬草が記されているという。西ガーツ山脈に自生するさまざまな薬草を採取できること、古代アーユルヴェーダの文献がこの地方のバラモンに受け継がれてきたことから、ケーララはアーユルヴェーダの本場となっている。

マラヤーラム語の成立と展開

紀元前1800年ごろからタミル人がケーララに進出し、タミル人はこの地を「マライナドゥ(山岳地方)」と呼んでいた。

▲左　かつて胡椒や香辛料はケーララでしかとれないと考えられていた。
▲右　水郷地帯を進む船、漁や移動の手段となる

古代タミルのサンガム文学には、ケーララのチェーラ朝が登場し、ケーララという言葉はこの「チェーラ」に由来するという。現在、ケーララで話されているマラヤーラム語は9世紀ごろ、タミル語とわかれて発展し、丸みを帯びたマラヤーラム文字が使われている（バラモンのケーララ移住にともなって、サンスクリットの語彙が多くふくまれるのが特徴だという）。ケーララ地方は中世以来、統一されることはなかったが、インド独立後の1956年、言語州再編にともなってマラヤーラム語地域がケーララ州になった。

参考文献

『世界歴史の旅南インド』(辛島昇 / 山川出版社)

『南アジア史3』(辛島昇編 / 山川出版社)

『インド建築案内』(神谷武夫 / TOTO出版)

『ケーララ社会とブラーフマン』(小林勝 / 民族學研究)

『NHK海のシルクロード』(立松和平・辛島昇 / 日本放送出版協会)

『エリュトゥラー海案内記』(村川堅太郎訳註 / 中央公論社)

『世界大百科事典』(平凡社)

まちごとパブリッシングの旅行ガイド
Machigoto INDIA , Machigoto ASIA , Machigoto CHINA

【北インド - まちごとインド】

001 はじめての北インド
002 はじめてのデリー
003 オールド・デリー
004 ニュー・デリー
005 南デリー
012 アーグラ
013 ファテープル・シークリー
014 バラナシ
015 サールナート
022 カージュラホ
032 アムリトサル

【西インド - まちごとインド】

001 はじめてのラジャスタン
002 ジャイプル
003 ジョードプル
004 ジャイサルメール
005 ウダイプル
006 アジメール（プシュカル）
007 ビカネール
008 シェカワティ
011 はじめてのマハラシュトラ
012 ムンバイ
013 プネー
014 アウランガバード
015 エローラ
016 アジャンタ
021 はじめてのグジャラート
022 アーメダバード
023 ヴァドダラー（チャンパネール）

024 ブジ（カッチ地方）

【東インド - まちごとインド】

002 コルカタ
012 ブッダガヤ

【南インド - まちごとインド】

001 はじめてのタミルナードゥ
002 チェンナイ
003 カーンチプラム
004 マハーバリプラム
005 タンジャヴール
006 クンバコナムとカーヴェリー・デルタ
007 ティルチラパッリ
008 マドゥライ
009 ラーメシュワラム
010 カニャークマリ
021 はじめてのケーララ
022 ティルヴァナンタプラム
023 バックウォーター（コッラム〜アラップーザ）
024 コーチ（コーチン）
025 トリシュール

【ネパール - まちごとアジア】

001 はじめてのカトマンズ
002 カトマンズ
003 スワヤンブナート

004 パタン
005 バクタプル
006 ポカラ
007 ルンビニ
008 チトワン国立公園

【バングラデシュ - まちごとアジア】

001 はじめてのバングラデシュ
002 ダッカ
003 バゲルハット（クルナ）
004 シュンドルボン
005 プティア
006 モハスタン（ボグラ）
007 パハルプール

【パキスタン - まちごとアジア】

002 フンザ
003 ギルギット（KKH）
004 ラホール
005 ハラッパ
006 ムルタン

【イラン - まちごとアジア】

001 はじめてのイラン
002 テヘラン
003 イスファハン
004 シーラーズ
005 ペルセポリス
006 パサルガダエ（ナグシェ・ロスタム）
007 ヤズド
008 チョガ・ザンビル（アフヴァーズ）
009 タブリーズ

010 アルダビール

【北京 - まちごとチャイナ】

001 はじめての北京
002 故宮（天安門広場）
003 胡同と旧皇城
004 天壇と旧崇文区
005 瑠璃廠と旧宣武区
006 王府井と市街東部
007 北京動物園と市街西部
008 頤和園と西山
009 盧溝橋と周口店
010 万里の長城と明十三陵

【天津 - まちごとチャイナ】

001 はじめての天津
002 天津市街
003 浜海新区と市街南部
004 薊県と清東陵

【上海 - まちごとチャイナ】

001 はじめての上海
002 浦東新区
003 外灘と南京東路
004 淮海路と市街西部
005 虹口と市街北部
006 上海郊外（龍華・七宝・松江・嘉定）
007 水郷地帯（朱家角・周荘・同里・甪直）

【河北省 - まちごとチャイナ】

001 はじめての河北省
002 石家荘
003 秦皇島
004 承徳
005 張家口
006 保定
007 邯鄲

【江蘇省 - まちごとチャイナ】

001 はじめての江蘇省
002 はじめての蘇州
003 蘇州旧城
004 蘇州郊外と開発区
005 無錫
006 揚州
007 鎮江
008 はじめての南京
009 南京旧城
010 南京紫金山と下関
011 雨花台と南京郊外・開発区
012 徐州

【浙江省 - まちごとチャイナ】

001 はじめての浙江省
002 はじめての杭州
003 西湖と山林杭州
004 杭州旧城と開発区
005 紹興
006 はじめての寧波
007 寧波旧城
008 寧波郊外と開発区
009 普陀山
010 天台山
011 温州

【福建省 - まちごとチャイナ】

001 はじめての福建省
002 はじめての福州
003 福州旧城
004 福州郊外と開発区
005 武夷山
006 泉州
007 廈門
008 客家土楼

【広東省 - まちごとチャイナ】

001 はじめての広東省
002 はじめての広州
003 広州古城
004 天河と広州郊外
005 深圳（深セン）
006 東莞
007 開平（江門）
008 韶関
009 はじめての潮汕
010 潮州
011 汕頭

【遼寧省 - まちごとチャイナ】

001 はじめての遼寧省
002 はじめての大連
003 大連市街
004 旅順
005 金州新区

006 はじめての瀋陽
007 瀋陽故宮と旧市街
008 瀋陽駅と市街地
009 北陵と瀋陽郊外
010 撫順

【重慶 - まちごとチャイナ】

001 はじめての重慶
002 重慶市街
003 三峡下り（重慶〜宜昌）
004 大足

【香港 - まちごとチャイナ】

001 はじめての香港
002 中環と香港島北岸
003 上環と香港島南岸
004 尖沙咀と九龍市街
005 九龍城と九龍郊外
006 新界
007 ランタオ島と島嶼部

【マカオ - まちごとチャイナ】

001 はじめてのマカオ
002 セナド広場とマカオ中心部
003 媽閣廟とマカオ半島南部
004 東望洋山とマカオ半島北部
005 新口岸とタイパ・コロアン

【Juo-Mujin（電子書籍のみ）】

Juo-Mujin 香港縦横無尽
Juo-Mujin 北京縦横無尽
Juo-Mujin 上海縦横無尽

【自力旅游中国 Tabisuru CHINA】

001 バスに揺られて「自力で長城」
002 バスに揺られて「自力で石家荘」
003 バスに揺られて「自力で承徳」
004 船に揺られて「自力で普陀山」
005 バスに揺られて「自力で天台山」
006 バスに揺られて「自力で秦皇島」
007 バスに揺られて「自力で張家口」
008 バスに揺られて「自力で邯鄲」
009 バスに揺られて「自力で保定」
010 バスに揺られて「自力で清東陵」
011 バスに揺られて「自力で潮州」
012 バスに揺られて「自力で汕頭」
013 バスに揺られて「自力で温州」

【車輪はつばさ】
南インドのアイラヴァテシュワラ寺院には建築本体に車輪がついていて寺院に乗った神さまが人びとの想いを運ぶと言います。

・本書はオンデマンド印刷で作成されています。
・本書の内容に関するご意見、お問い合わせは、発行元の
　まちごとパブリッシング info@machigotopub.com までお願いします。

まちごとインド
南インド021はじめてのケーララ
～コーチ・ティルヴァナンタプラム・バックウォーター［モノクロノートブック版］

2017年11月14日　発行

著　者	「アジア城市（まち）案内」制作委員会
発行者	赤松　耕次
発行所	まちごとパブリッシング株式会社 〒181-0013　東京都三鷹市下連雀4-4-36 URL http://www.machigotopub.com/
発売元	株式会社デジタルパブリッシングサービス 〒162-0812　東京都新宿区西五軒町11-13 清水ビル3F
印刷・製本	株式会社デジタルパブリッシングサービス URL http://www.d-pub.co.jp/

MP042

ISBN978-4-86143-176-0 C0326　　　　Printed in Japan
本書の無断複製複写（コピー）は、著作権法上での例外を除き、禁じられています。